Impressum
Verlag: BABADADA GmbH, Nedderfeld 112 , 22529 Hamburg
Geschäftsführer / Verlagsleitung: Harald Hof
Druck: Books on Demand GmbH, In de Tarpen 42, 22848 Norderstedt

Imprint
Publisher: BABADADA GmbH, Nedderfeld 112 , 22529 Hamburg, Germany
Managing Director / Publishing direction: Harald Hof
Print: Books on Demand GmbH, In de Tarpen 42, 22848 Norderstedt

sekolah

el colegio

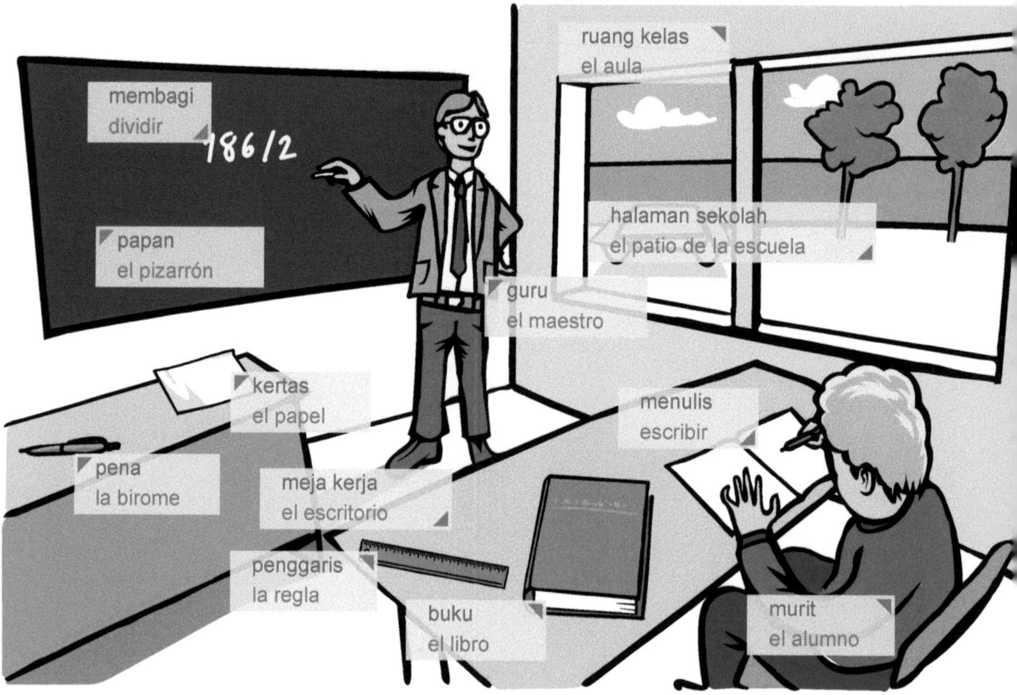

ruang kelas
el aula
membagi
dividir
186/2
papan
el pizarrón
halaman sekolah
el patio de la escuela
guru
el maestro
kertas
el papel
menulis
escribir
pena
la birome
meja kerja
el escritorio
penggaris
la regla
buku
el libro
murit
el alumno

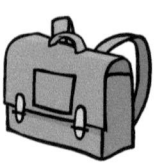

tas sekolah

la mochila

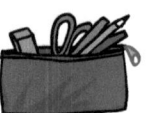

tempat pensil

la caja de lápices

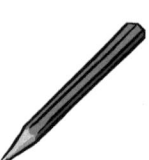

pensil

el lápiz

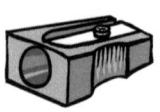

pengasah pensil

el sacapuntas

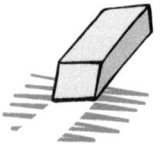

penghapus

la goma (de borrar)

kertas gambar

el bloc de dibujo

gambar

el dibujo

kuas

el pincel

kotak cat

la caja de pinturas

gunting

la tijera

lem

el pegamento

buku latihan

el cuaderno de ejercicios

pekerjaan rumah

la tarea

12

angka

el número

2+2

tambhakan

sumar

5-2

mengurangi

restar

2×2

mengalikan

multiplicar

menghitung

calcular

A

huruf

la letra

ABCDEFG
HIJKLMN
OPQRSTU
VWXYZ

alfabet

el abcccdario

kata

la palabra

teks

el texto

membaca

leer

kapur

la tiza

pelajaran

la lección

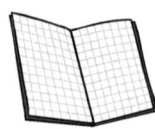

daftar

el cuaderno de clase

ujian

el examen

sertifikat

el certificado

seragam sekolah

el uniforme escolar

pendidikan

la educación

ensiklopedi

la enciclopedia

universitas

la universidad

mikroskop

el microscopio

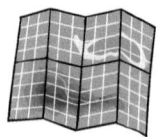

peta

el mapa

tempat sampah

el tacho (de basura)

perjalanan

el viaje

hotel
el hotel
Grand
hostel
el hostel
ROOMS
kantor pertukaran mata uang
la casa de cambio
EXCHANGE
koper
la valija
mobil
el auto

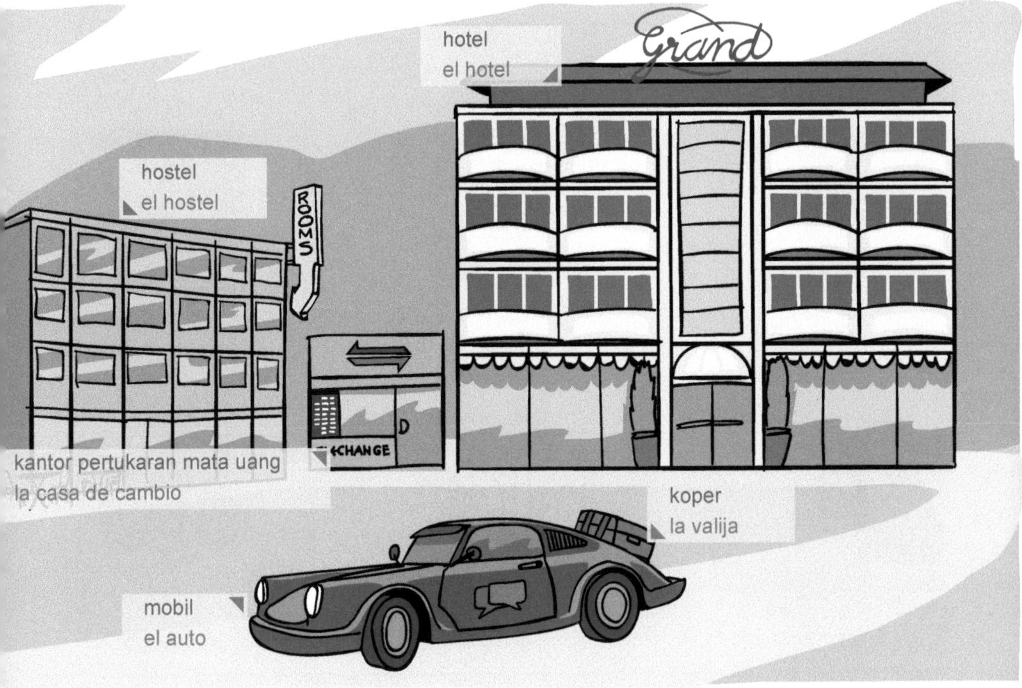

bahasa

el idioma

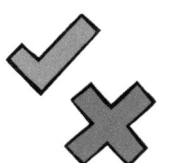

ya / tidak

sí / no

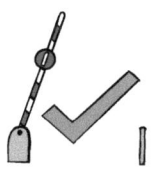

okay

Está bien

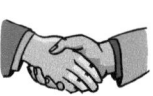

hallo

hola

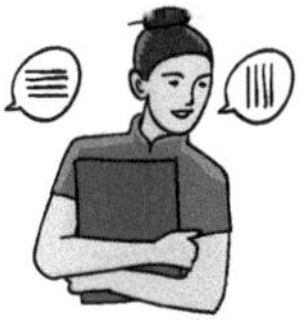

penerjemah

el traductor

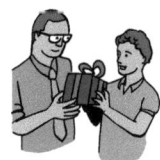

terima kasih

Gracias

Berapa harganya…?

¿cuánto cuesta…?

saya tidak mengerti

No entiendo

masalah

el problema

Selamat malam!

¡Buenas tardes!

Selamat siang!

¡Buenos días!

Selamat tidur!

¡Buenas noches!

sampai jumpa

el adiós

arah

la dirección

bagasi

el equipaje

tas

el bolso

ransel

la mochila

tamu

el invitado

ruang

la habitación

kantong tidur

la bolsa de dormir

tenda

la carpa

informasi wisata

la información turística

pantai

la playa

kartu kredit

la tarjeta de crédito

sarapan

el desayuno

makan siang

el almuerzo

makan malam

la cena

tiket

el pasaje

elevator

el ascensor

perangko

el sello

perbatasan

la frontera

cukai

la aduana

kedutaan

la embajada

visa

la visa

paspor

el pasaporte

transportasi
el transporte

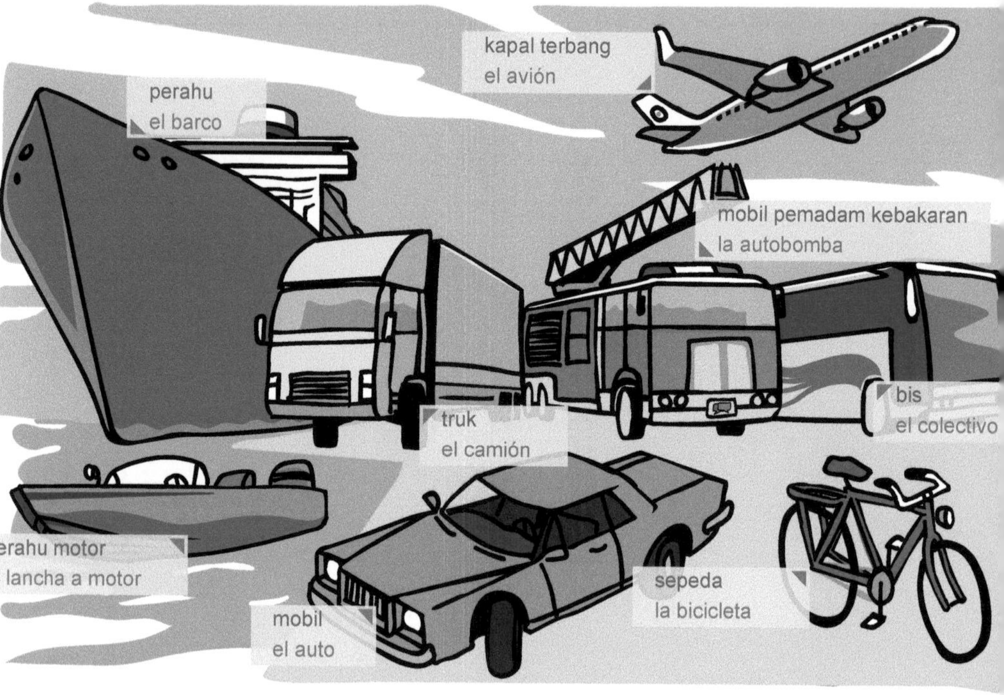
kapal terbang
el avión
perahu
el barco
mobil pemadam kebakaran
la autobomba
bis
el colectivo
truk
el camión
perahu motor
la lancha a motor
sepeda
la bicicleta
mobil
el auto

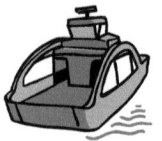

feri
el ferry

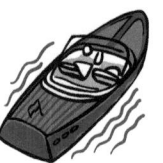

perahu
el bote

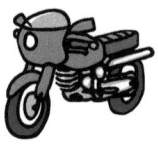

sepeda motor
la moto

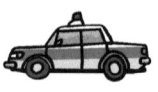

mobil polisi
el patrullero

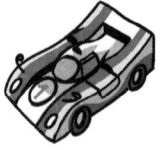

mobil balapan
el auto de carreras

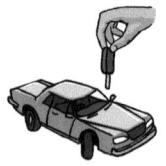

mobil sewa
el auto de alquiler

berbagi mobil

el alquiler de autos

truk derek

la grúa

truk sampah

el camión de la basura

motor

el motor

bahan bakar

la nafta

bensin

la estación de servicio

tanda lalulintas

la señal de tránsito

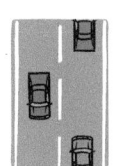

lalulintas

el tránsito

macet

el embotellamiento

parkir mobil

el estacionamiento

stasiun kereta

la estación de tren

trek

las vías

kereta api

el tren

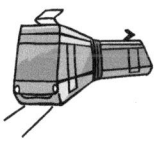

tram

el tranvía

gerobak

el vagón

helikopter
el helicóptero

bendara
el aeropuerto

menara
la torre

penumpang
el pasajero

container
el contenedor

karton
la caja de cartón

troli
la carretilla

keranjang
la canasta

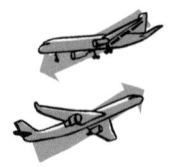

berangkat / mendarat
despegar / aterrizar

kota
la ciudad

desa
el pueblo

pusat kota
el centro de la ciudad

rumah
la casa

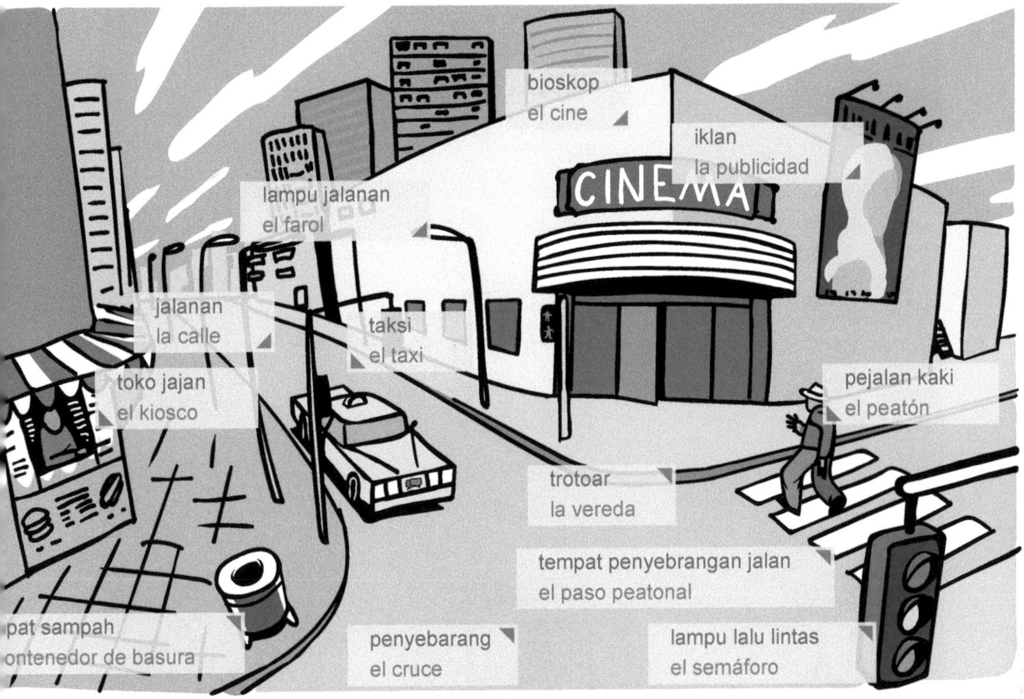

bioskop
el cine

iklan
la publicidad

lampu jalanan
el farol

CINEMA

jalanan
la calle

taksi
el taxi

toko jajan
el kiosco

pejalan kaki
el peatón

trotoar
la vereda

tempat penyebrangan jalan
el paso peatonal

pat sampah
ontenedor de basura

penyebarang
el cruce

lampu lalu lintas
el semáforo

gubuk
....
la cabaña

rumah flat
....
el departamento

stasiun kereta
....
la estación de tren

balai kota
....
la municipalidad

museum
....
el museo

sekolah
....
el colegio

universitas
la universidad

bank
el banco

rumah sakit
el hospital

hotel
el hotel

farmasi
la farmacia

kantor
la oficina

toko buku
la librería

toko
el negocio

toko bunga
la florería

supermarket
el supermercado

pasar
el mercado

toko serba ada
las grandes tiendas

nelayan
la pescadería

pusat belanja
el centro comercial

pelabuhan
el puerto

taman

el parque

banku

el banco

jembatan

el puente

tangga

las escaleras

kereta bawah tanah

el subte

terowongan

el túnel

pemberhantian bis

la parada del colectivo

bar

el bar

restauran

el restaurante

kotak surat

el buzón

tanda jalan

el letrero

meteran parkir

el parquímetro

kebun binatang

el zoológico

kolam renang

la pileta

mesjid

la mezquita

kota - la ciudad

pertanian

la granja

polusi

la contaminación

kuburan

el cementerio

gereja

la iglesia

tempat bermain

los juegos infantiles

pura

el templo

pemandangan
el paisaje

daun
la hoja

penunjuk arah
el poste indicador

jalanan
el camino

padang rumput
la pradera

batu
la piedra

pejalak kaki
el excursionista

pohon
el árbol

sungai
el río

rumput
la hierba

bunga
la flor

lembah

el valle

bukit

la montaña

danau

el lago

hutan

el bosque

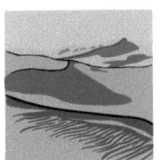

padang gurun

el desierto

gunung berapi

el volcán

istana

el castillo

pelangi

el arco iris

jamur

el champiñón

pohon palem

la palmera

nyamuk

el mosquito

lalat

la mosca

semut

la hormiga

lebah

la abeja

laba-laba

la araña

kumbang

el escarabajo

kodok

la rana

tupai

la ardilla

landak

el erizo

kelinci

la liebre

burung hantu

la lechuza

burung

el pájaro

angsa

el cisne

babi jantan

el jabalí

rusa

el ciervo

rusa

el alce

bendungan

la presa

turbin angin

el aerogenerador

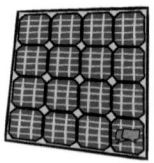

panel surya

el panel solar

iklim

el clima

pelayan
el mozo

daftar makanan
el menú

kursi
la silla

sup
la sopa

pizza
la pizza

peralatan makan
los cubiertos

taplak
el mantel

hindangan pembuka
la entrada

hidangan utama
el plato principal

hidangan penutup
el postre

minuman
las bebidas

makanan
la comida

botol
la botella

fastfood

la comida rápida

masakan jalanan

la comida callejera

teko teh

la tetera

kaleng gula

la azucarera

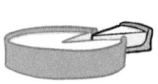

porsi

la porción

mesin espresso

la cafetera expreso

kursi tinggi

la sillita alta

tagihan

la cuenta

baki

la bandeja

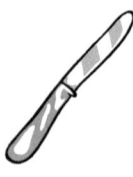

pisau

el cuchillo

garpu

el tenedor

sendok

la cuchara

sendok teh

la cucharita

serbet

la servilleta

gelas

el vaso

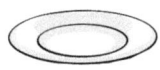

piring
el plato

piring sup
el plato hondo

lepek
el plato

saus
la salsa

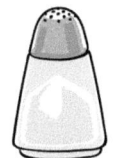

tempat garam
el salero

gilingan merica
el molinillo de pimienta

cuka
el vinagre

minyak
el aceite

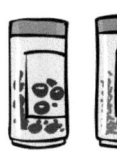

bumbu
las especias

saus tomat
el kétchup

mustar
la mostaza

mayones
la mayonesa

supermarket

el supermercado

penawaran khusus
la oferta especial
FOR
klien
el cliente
produk susu
los lácteos
buah
la fruta
troli
el changuito

BUTCHERS

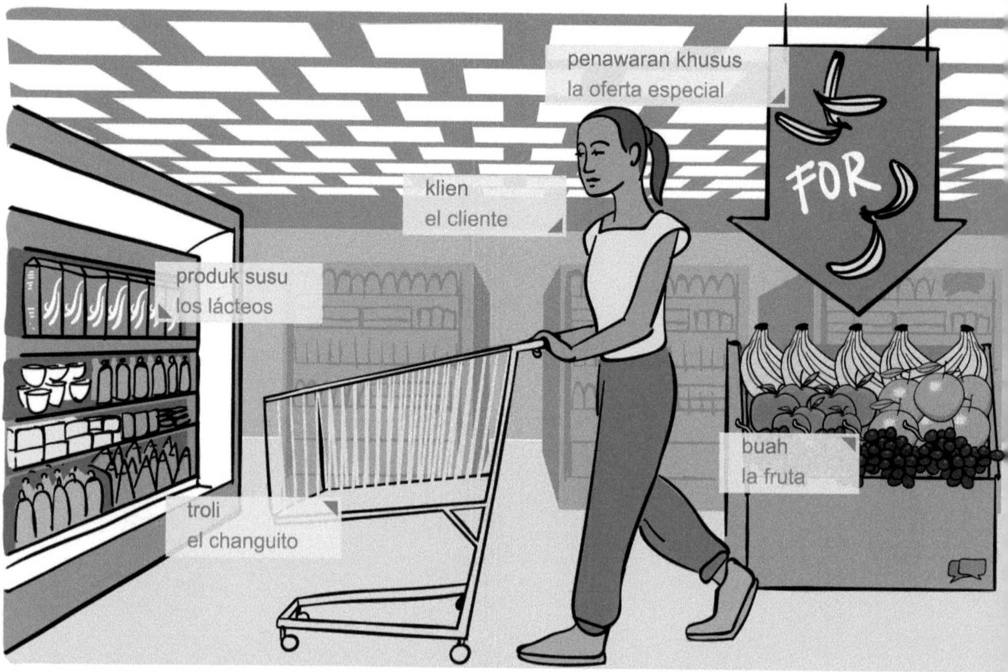

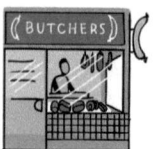

pembantai

la carnicería

BAKERY

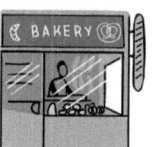

toko roti

la panadería

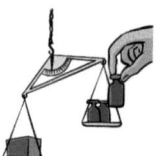

menimbang

pesar

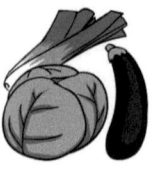

sayur

las verduras

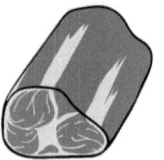

daging

la carne

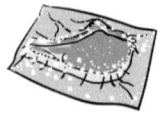

makanan beku

los alimentos congelados

pemotongan dingin

los fiambres

makanan kaleng

los alimentos enlatados

sabun serbuk

el detergente en polvo

permen

las golosinas

alat-alat rumah tangga

los electrodomésticos

obat pembersihan

los productos de limpieza

penjual

la vendedora

kasa

la caja

kasir

el cajero

daftar belanja

la lista de compras

jam buka

el horario de atención

dompet

la billetera

kartu kredit

la tarjeta de crédito

tas

la cartera

kantong plastik

la bolsa de plástico

air

el agua

jus

el jugo

susu

la leche

cola

la bebida cola

anggur

el vino

bir

la cerveza

alkohol

el alcohol

coklat

el cacao

teh

el té

kopi

el café

espresso

el café expreso

cappucino

el cappuccino

pisang

la banana

apel

la manzana

jeruk

la naranja

semangka

el melón

jeruk lemon

el limón

wortel

la zanahoria

bawang putih

el ajo

bambu

el bambú

bawang bombai

la cebolla

jamur

el champiñón

kacang

las nueces

mi

los fideos

spagetti
los tallarines

nasi
el arroz

salat
la ensalada

kentang goreng
las papas fritas

kentang goreng
las papas fritas

pizza
la pizza

hamburger
la hamburguesa

sandwich
el sándwich

sayatan
el churrasco

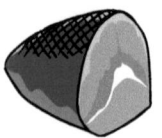

ham
el jamón

salami
el salame

sosis
la salchicha

ayam
el pollo

menggoreng
el asado

ikan
el pescado

bubur gandum
los copos de avena

sereal
el muesli

cornflakes
los copos de maíz

tepung
la harina

croissant
la medialuna

roti
el pancito

roti
el pan

toast
la tostada

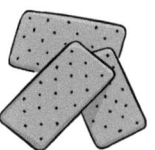

biskuit
las galletitas

mentega
la manteca

dadih
la cuajada

kue
la torta

telur
el huevo

telur goreng
el huevo frito

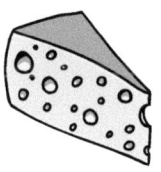

keju
el queso

eskrim

el helado

gula

el azúcar

madu

la miel

selai

la mermelada

krim nugat

la pasta de chocolate

kare

el curry

pertanian
la granja

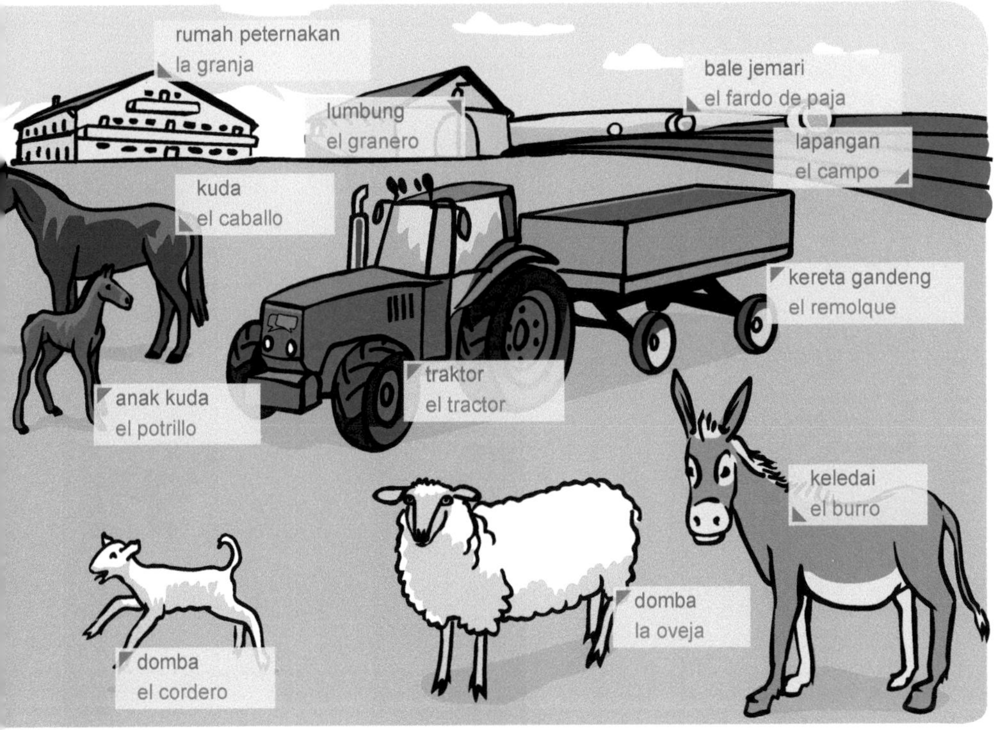
rumah peternakan
la granja
lumbung
el granero
bale jemari
el fardo de paja
lapangan
el campo
kuda
el caballo
kereta gandeng
el remolque
traktor
el tractor
anak kuda
el potrillo
keledai
el burro
domba
la oveja
domba
el cordero

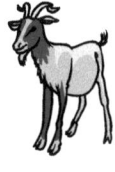

kambing

la cabra

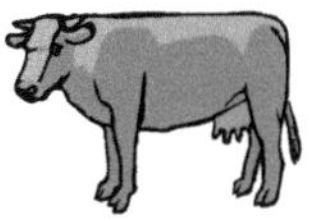

sapi

la vaca

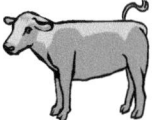

betis

el ternero

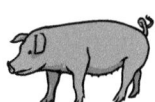

babi

el cerdo

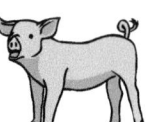

celeng

el lechón

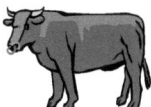

banteng

el toro

angsa

el ganso

bebek

el pato

anak ayam

el pollo

ayam

la gallina

ayam jantan

el gallo

tikus

la rata

kucing

el gato

tikus

el ratón

lembu

el buey

anjing

el perro

rumah anjing

la cucha

selang

la manguera

penyiram

la regadera

sabit

la guadaña

bajak

el arado

sabit

la hoz

cangkul

la azada

garpu rumput

la horquilla

kapak

el hacha

gerobak

la carretilla

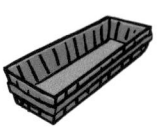

palung

el abrevadero

kaleng susu

la lechera

karung

la bolsa

pagar

la reja

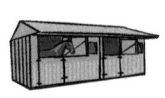

kandang

el establo

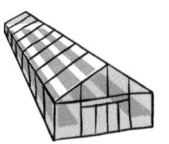

rumah kaca

el invernadero

tanah

el suelo

benih

la semilla

pupuk

el fertilizador

mesin pemanen

la cosechadora

panen

cosechar

panen

la cosecha

yams

las batatas

gandum

el trigo

kedelai

la soja

kentang

la papa

jagung

el maíz

lobak

la semilla de colza

pohon buah

el árbol frutal

singkong

la mandioca

sereal

los cereales

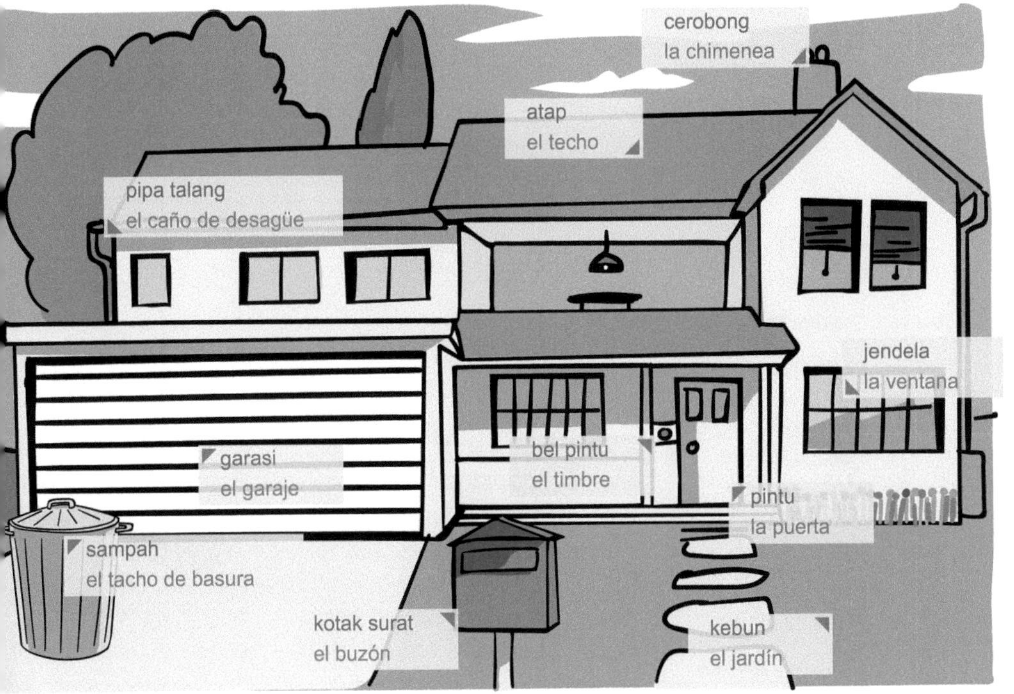

cerobong
la chimenea

atap
el techo

pipa talang
el caño de desagüe

jendela
la ventana

garasi
el garaje

bel pintu
el timbre

pintu
la puerta

sampah
el tacho de basura

kotak surat
el buzón

kebun
el jardín

ruang tamu
el living

kamar mandi
el baño

dapur
la cocina

kamar tidur
el dormitorio

kamar anak
el cuarto de los chicos

kamar makan
el comedor

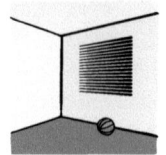

lantai

el piso

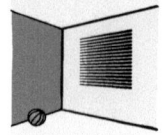

tembok

la pared

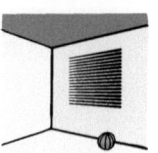

atap

el cielorraso

gudang di bawah tanah

el sótano

sauna

el sauna

balkon

el balcón

teras

la terraza

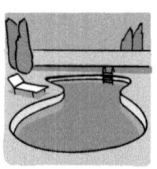

kolam renang

la pileta

mesin pemotong rumput

la cortadora de pasto

sprei

la sábana

selimut

el acolchado

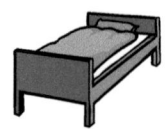

tempat tidur

la cama

sapu

la escoba

ember

el balde

tombol

el interruptor

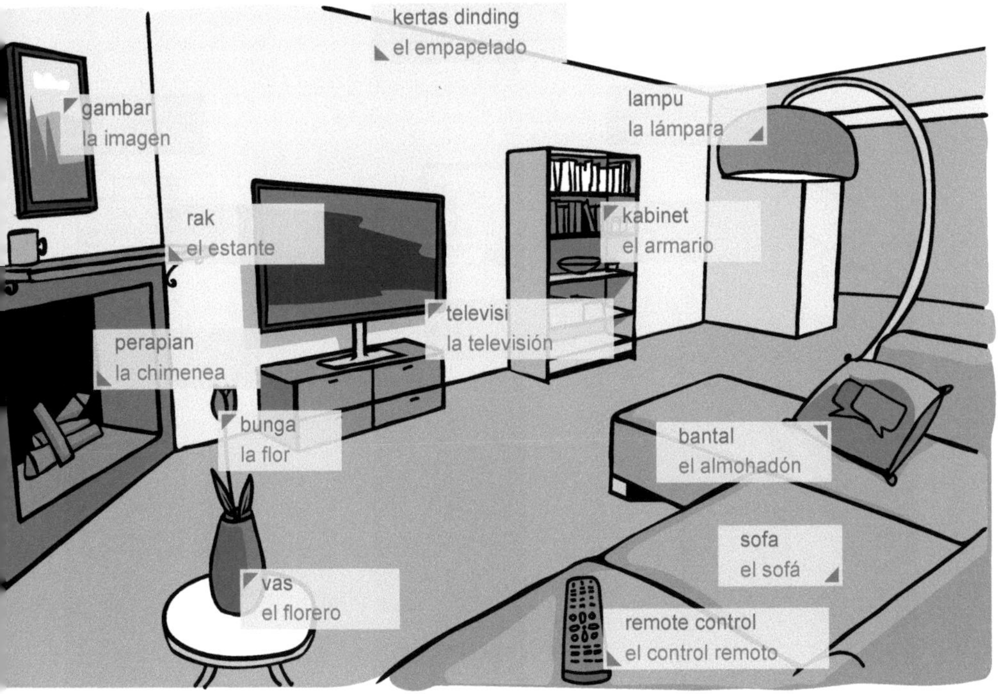

kertas dinding
el empapelado

gambar
la imagen

lampu
la lámpara

rak
el estante

kabinet
el armario

televisi
la televisión

perapian
la chimenea

bunga
la flor

bantal
el almohadón

sofa
el sofá

vas
el florero

remote control
el control remoto

karpet
la alfombra

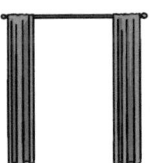

korden
la cortina

meja
la mesa

kursi
la silla

kursi goyang
la mecedora

kursi malas
el sillón

buku

el libro

selimut

la frazada

dekorasi

la decoración

kayu bakar

la leña

filem

la película

hi-fi

el equipo de música

kunci

la llave

koran

el diario

lukisan

la pintura

poster

el póster

radio

la radio

buku tulis

el cuaderno

penyedot debu

la aspiradora

kaktus

el cactus

lilin

la vela

dapur
la cocina

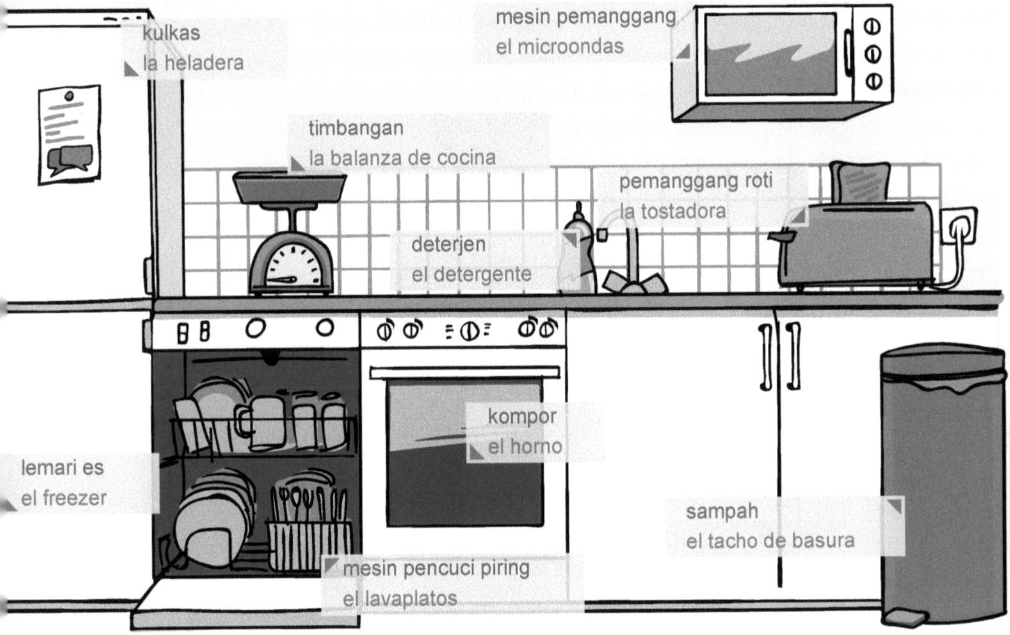

kulkas
la heladera
mesin pemanggang
el microondas
timbangan
la balanza de cocina
pemanggang roti
la tostadora
deterjen
el detergente
kompor
el horno
lemari es
el freezer
sampah
el tacho de basura
mesin pencuci piring
el lavaplatos

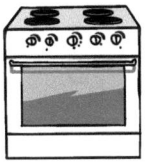

kompor
la cocina

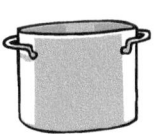

panci
la olla

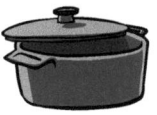

panci besi
la olla de hierro fundido

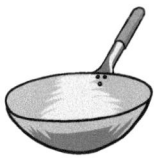

wajan
el wok

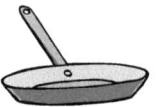

panci
la sartén

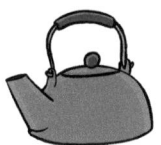

pemanas air
la pava

panci pengukus makanan

la vaporera

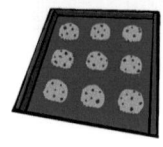

nampan

la bandeja de horno

piring

la vajilla

cangkir

la taza

mangkok

el bol

sumpit

los palitos

sendok sup

el cucharón

sudip

la espátula

mengocok

la batidora

saringan

el colador

saringan

el colador

parutan

el rallador

mortir

el mortero

barbeque

la parrilla

api terbuka

la fogata

papan memotong

la tabla de picar

gilingan

el palo de amasar

alat pembuka botol

el sacacorchos

kaleng

la lata

pembuka kaleng

el abrelatas

pegangan panci

la manopla

wastafel

la pileta

sikat

el cepillo

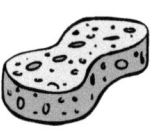

busa

la esponja

mesin pencampur

la batidora

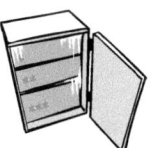

lemari es

el congelador

botol bayi

la mamadera

keran

la canilla

kamar mandi
el baño

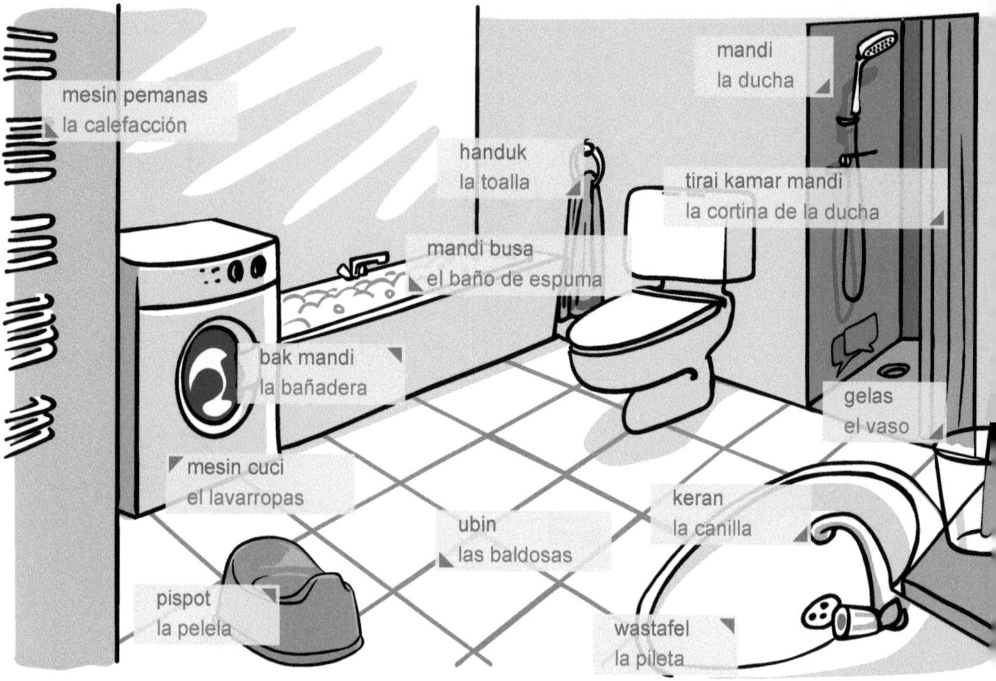

mesin pemanas
la calefacción
handuk
la toalla
mandi
la ducha
tirai kamar mandi
la cortina de la ducha
mandi busa
el baño de espuma
bak mandi
la bañadera
gelas
el vaso
mesin cuci
el lavarropas
keran
la canilla
ubin
las baldosas
pispot
la pelela
wastafel
la pileta

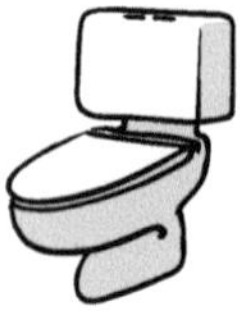

toilet

el inodoro

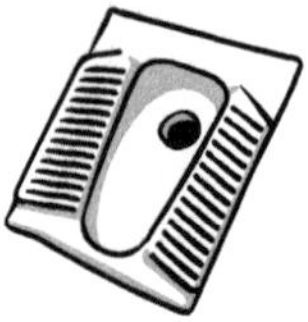

toilet jongkok

la letrina

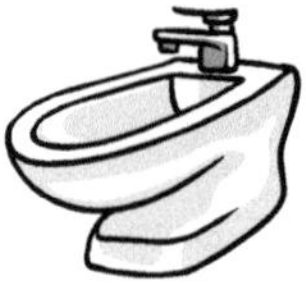

bidet

el bidé

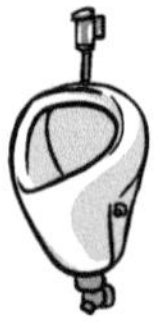

pissoir

el mingitorio

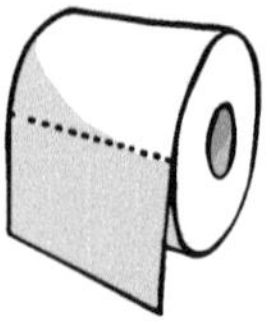

kertas toilet

el papel higiénico

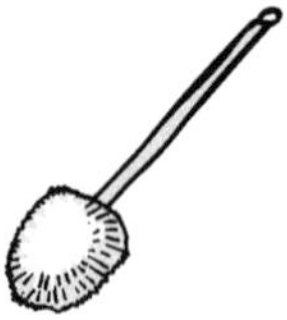

sikat toilet

el cepillo para el inodoro

sikat gigi
el cepillo de dientes

pasta gigi
el dentífrico

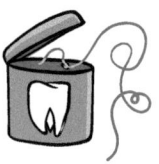

benang gigi
el hilo dental

menyuci
lavar

pancuran tangan
la ducha de mano

pancuran
la ducha higiénica

bak
la palangana

sikat punggung
el cepillo para la espalda

sabun
el jabón

gel mandi
el gel de ducha

sampo
el shampoo

planel
la toallita

kuras
el desagüe

krim
la crema

deodoran
el desodorante

kaca

el espejo

cermin tangan

el espejito

pisau cukur

la maquinita de afeitar

busa cukur

la espuma de afeitar

aftershave

el aftershave

sisir

el peine

sikat

el cepillo

alat pengering rambut

el secador de pelo

semprot rambut

el spray

makeup

el maquillaje

lipstik

el lápiz de labios

cat kuku

el esmalte para uñas

kapas

el algodón

gunting kuku

la tijera para uñas

minyak wangi

el perfume

kantong pencuci

el portacosméticos

bangku

la banqueta

timbangan

la balanza

mantel mandi

la bata

sarung tangan karet

los guantes de goma

tampon

el tampón

handuk pembalut

la toallita femenina

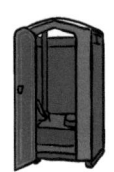

toilet kimia

el baño químico

kamar anak

el cuarto de los chicos

jam alarm
el despertador
boneka tidur
el peluche
mobil-mobilan
el coche de juguete
kelintung
el sonajero
rumah boneka
la casa de muñecas
kado
el regalo

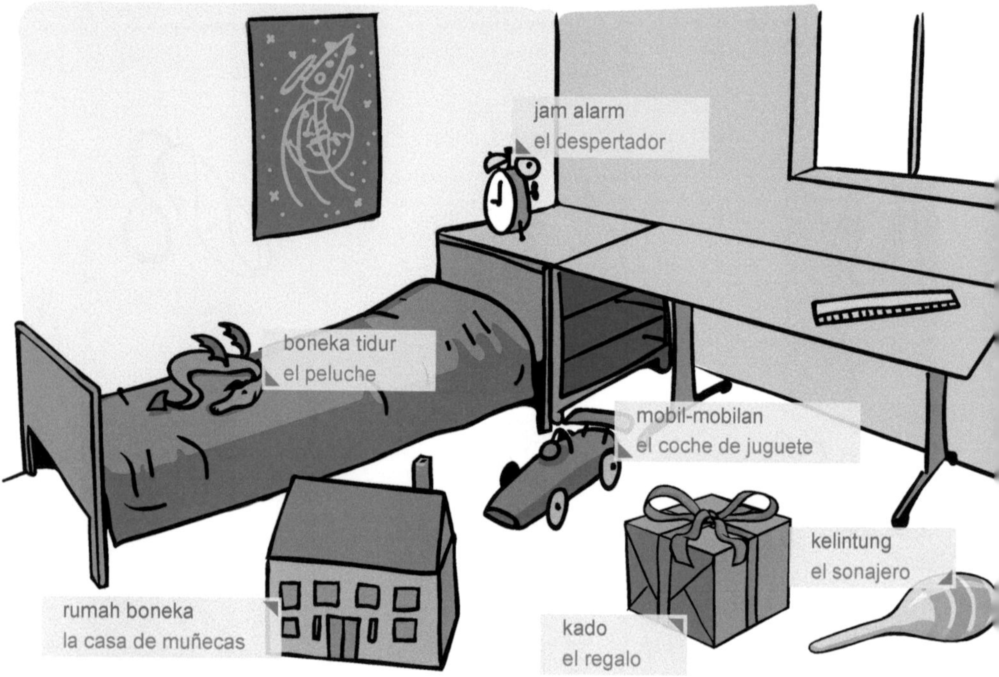

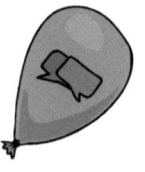

balon

el globo

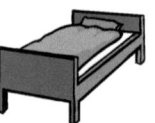

tempat tidur

la cama

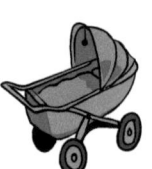

kereta bayi

el cochecito

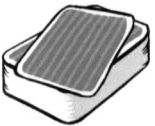

mainan kartu

las cartas

teka-teki

el rompecabezas

SUPER
MEGA

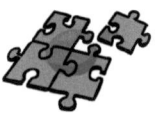

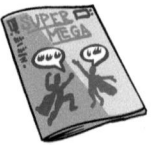

komik

la historieta

mainan lego
las piezas de lego

blok mainan
los ladrillos de juguete

figur aksi
la figura de acción

baju monyet
el enterito (de bebé)

frisbee
el frisbee

mobile
el móvil para bebés

permainan papan
el juego de mesa

dadu
los dados

set model kreta api
el tren eléctrico

dot
el chupete

pesta
la fiesta

buku gambar
el libro de cuentos ilustrado

bola
la pelota

boneka
la muñeca

bermain
jugar

tempat main pasir

el arenero

ayunan

la hamaca

mainan

los juguetes

video game konsol

la consola de videojuegos

sepeda roda tiga

el triciclo

teddy

el osito de peluche

lemari pakaian

el armario

pakaian

la ropa

kaos kaki

las medias

kaos kaki

las medias panty

baju ketat

las calzas

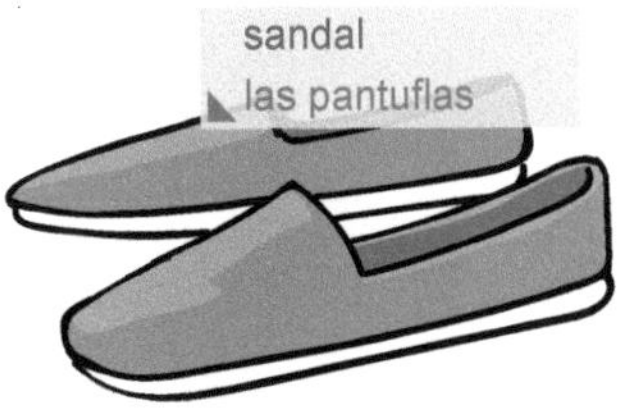

syal
la bufanda

sabuk
el cinturón

payung
el paraguas

kaos
la remera

sepatu bot
las botas

sandal
las pantuflas

sepatu
las zapatillas

sandal
....
las sandalias

sepatu
....
los zapatos

sepatu bot karet
....
las botas de goma

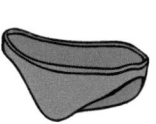

celana dalam
....
la ropa interior

BH
....
el corpiño

baju rompi
....
el chaleco

body
el body

celana
los pantalones

jeans
los jeans

rok
la pollera

blus
la blusa

kemeja
la camisa

aket berkerudung
el pulóver

sweater
el buzo

jaket
el blazer

jaket
la campera

mantel
el tapado

jas hujan
el piloto

kostum
el traje

gaun
el vestido

gaun pengantin
el vestido de novia

setelan resmi
el traje

gaun tidur
el camisón

piyama
el pijama

sari
el sari

jilbab
el pañuelo para la cabeza

turban
el turbante

burka
la burka

kaftan
el caftán

abaya
la abaya

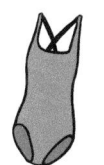
pakaian renang
el traje de baño

celana renang
el short de baño

celana pendek
los shorts

olah raga
el jogging

celemek
el delantal

sarung tangan
los guantes

kancing
el botón

kacamata
los anteojos

gelang
la pulsera

kalung
el collar

cincin
el anillo

anting
el aro

topi
la gorra

gantungan mantel
la percha

topi
el sombrero

dasi
la corbata

ritsleting
el cierre

helm
el casco

tali selempang
los tiradores

seragam sekolah
el uniforme escolar

seragam
el uniforme

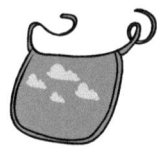

oto

el babero

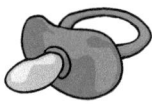

dot

el chupete

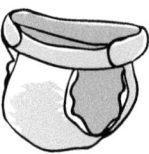

popok

el pañal

kantor
la oficina

server
el servidor
lemari arsip
el archivero
pencetak
la impresora
kertas
el papel
layar
el monitor
mouse komputer
el mouse
meja kerja
el escritorio
tempat pengarsipan
la carpeta
papan tombol
el teclado
kursi
la silla
tempat sampah
el tacho (de basura)
computer
la computadora

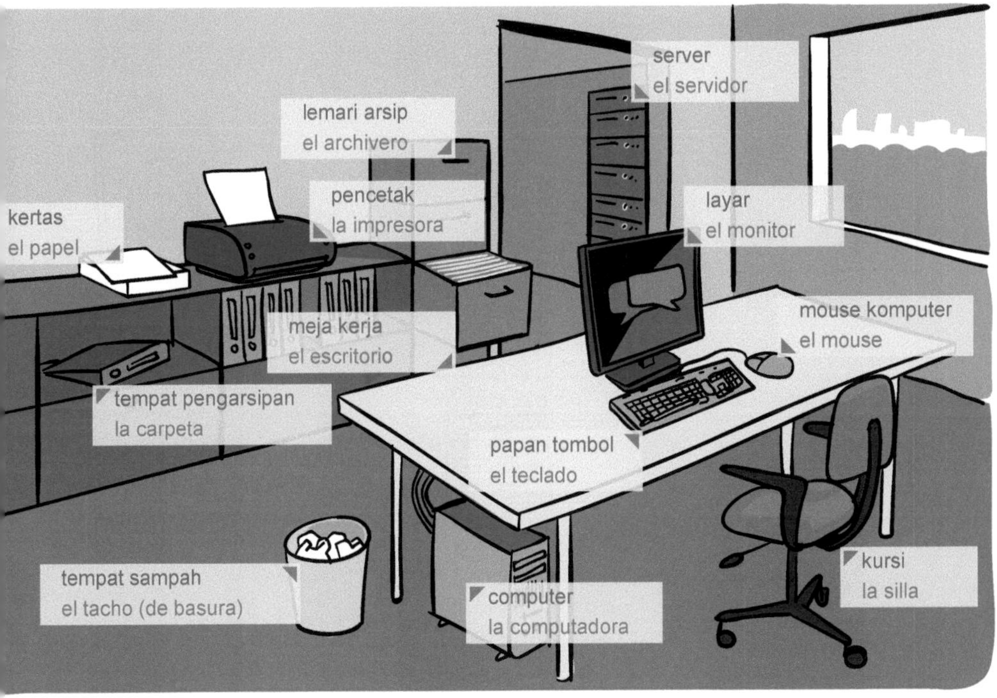

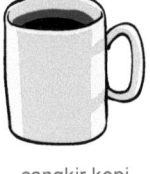

cangkir kopi

la taza de café

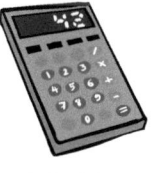

kalkulator

la calculadora

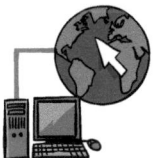

internet

el internet

laptop
la laptop

surat
la carta

pesan
el mensaje

telepon seluler
el celular

jaringan
la red

fotokopi
la fotocopiadora

software
el software

telepon
el teléfono

plug soket
el tomacorriente

mesin fax
el fax

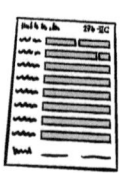

formulir
el formulario

dokumen
el documento

membeli

comprar

membayar

pagar

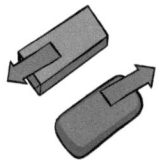

berdagang

hacer negocios

uang

el dinero

USD

Dollar

el dólar

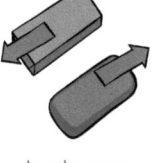

EUR

Euro

el euro

JPY

Yen

el yen

RUB

Rubel

el rublo

CHF

Franc Swiss

el franco suizo

CNY

Renminbi Yuan

el yuan

INR

Rupiah

la rupia

ATM

el cajero automático

kantor pertukaran mata
uang

la casa de cambio

emas

el oro

perak

la plata

minyak

el petróleo

energi

la energía

harga

el precio

kontrak

el contrato

pajak

el impuesto

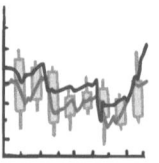

saham

la acción

bekerja

trabajar

karyawan

el empleado

majikan

el empleador

pabrik

la fábrica

toko

el negocio

pekerjaan
las ocupaciones

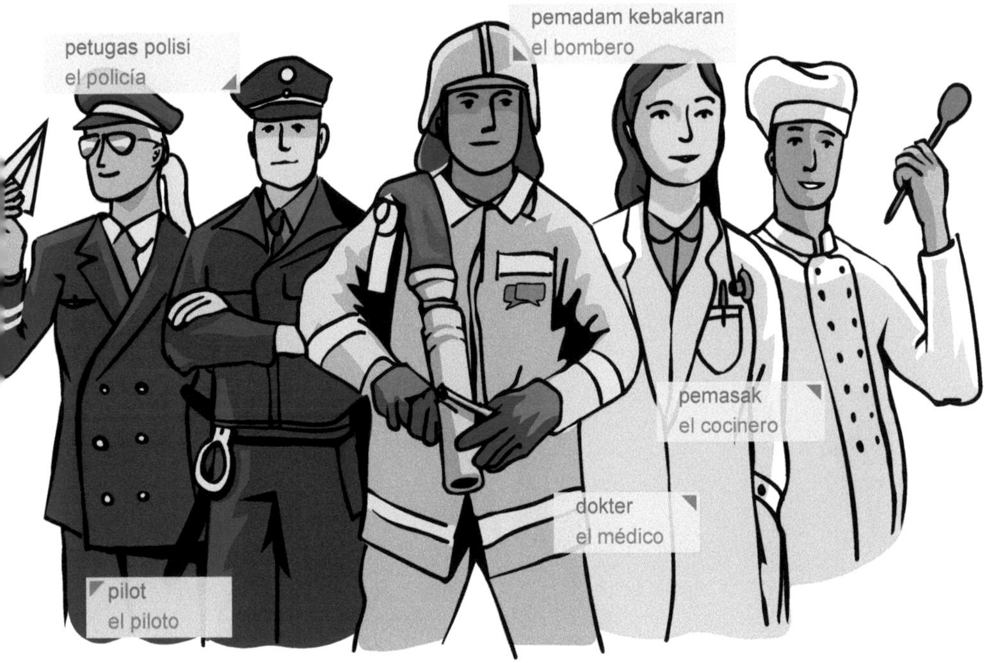
petugas polisi
el policía
pemadam kebakaran
el bombero
pemasak
el cocinero
dokter
el médico
pilot
el piloto

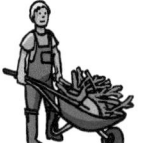

tukan kebun

el jardinero

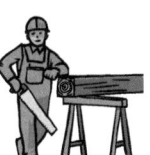

tukang kayu

el carpintero

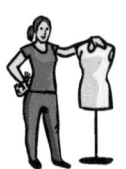

penjahit wanita

la modista

hakim

el juez

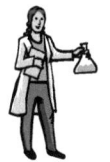

ahli kimia

el farmacéutico

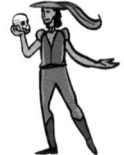

aktor

el actor

sopir bis

el colectivero

sopir taksi

el taxista

nelayan

el pescador

pembantu

la mucama

tukang atap

el techista

pelayan

el mozo

pemburu

el cazador

pelukis

el pintor

tukang roti

el panadero

tukang listrik

el electricista

pembangun

el albañil

insinyur

el ingeniero

tukang daging

el carnicero

tukang ledeng

el plomero

tukang pos

el cartero

tentara

el soldado

arsitek

el arquitecto

kasir

el cajero

penjual bunga

el florista

penata rambut

el peluquero

konduktor

el cobrador

montir

el mecánico

kapten

el capitán

dokter gigi

el dentista

ilmuwan

el científico

rabbi

el rabino

imam

el imán

biarawan

el monje

pendeta

el sacerdote

alat
las herramientas

palu
el martillo
tang
la tenaza
obeng
el destornillador
kunci
la llave
obor
la linterna

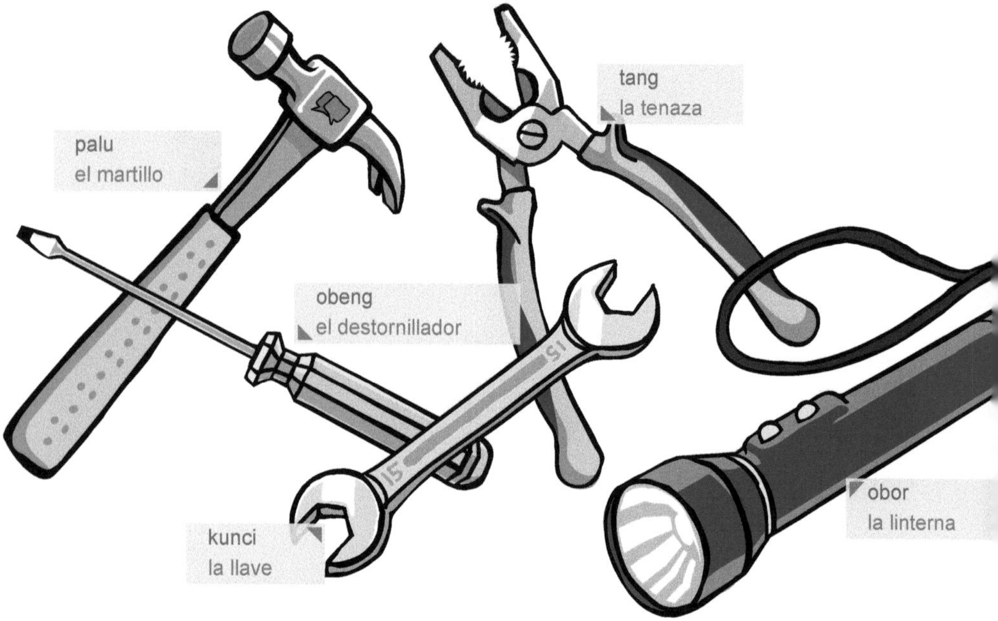

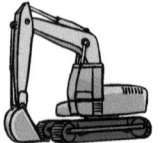

penggali

la excavadora

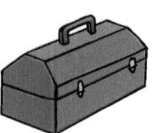

tas perkakas

la caja de herramientas

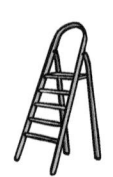

tangga

la escalera portátil

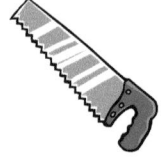

gergaji

la sierra

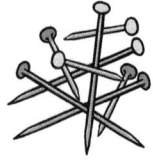

paku

los clavos

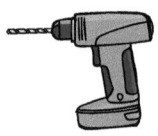

bor

el taladro

perbaikan

arreglar

sekop

la pala de jardín

Sialan!

¡Qué bronca!

cikrak

la pala de plástico

pot cat

el tacho de pintura

sekrup

los tornillos

alat musik

los instrumentos musicales

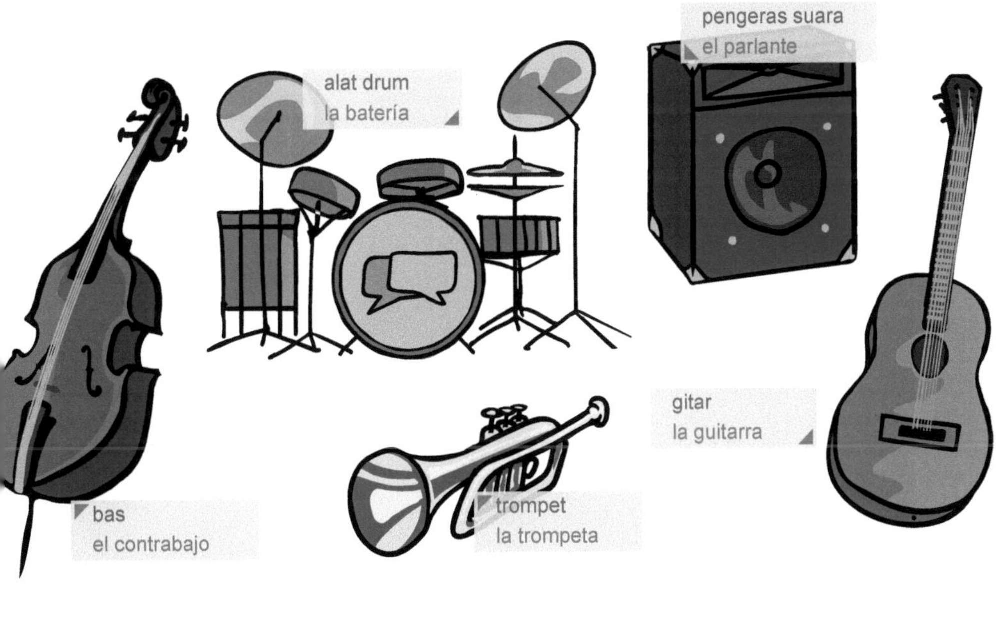

pengeras suara
el parlante

alat drum
la batería

gitar
la guitarra

bas
el contrabajo

trompet
la trompeta

piano

el piano

violin

el violín

bass

el bajo

tambur

los timbales

drum

el tambor

keyboard

el teclado

saksofon

el saxofón

suling

la flauta

mikrofon

el micrófono

kebun binatang
el zoológico

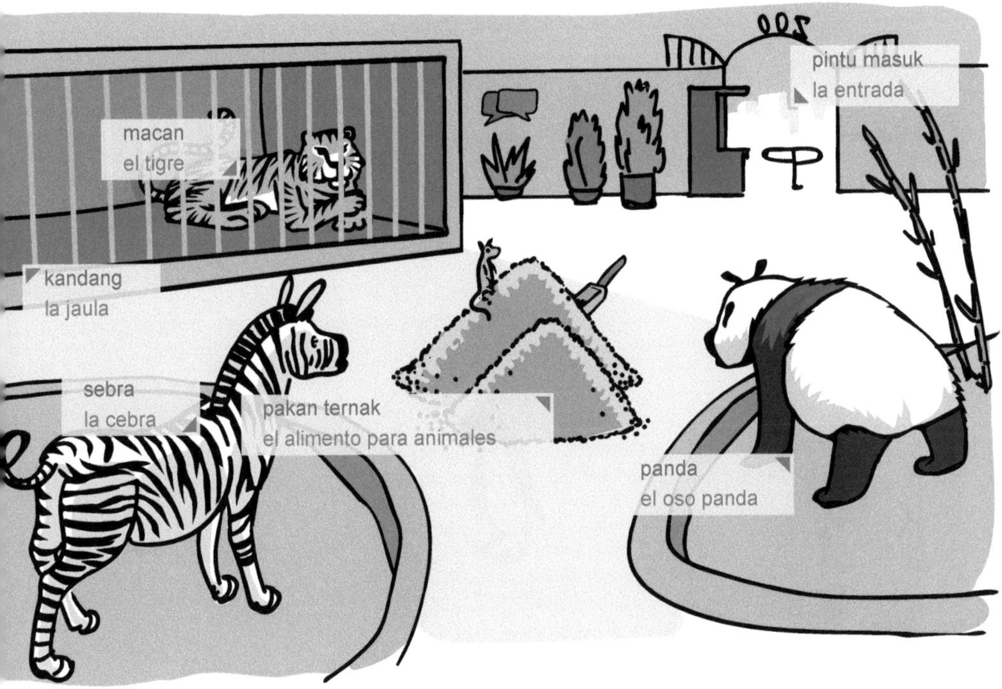

pintu masuk
la entrada
macan
el tigre
kandang
la jaula
sebra
la cebra
pakan ternak
el alimento para animales
panda
el oso panda

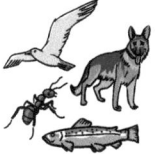

hewan

los animales

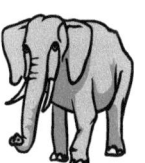

gajah

el elefante

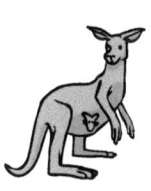

kanguru

el canguro

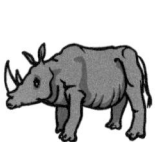

badak

el rinoceronte

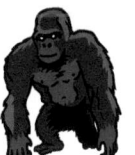

gorila

el gorila

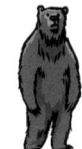

beruang

el oso

unta
el camello

burung unta
el avestruz

singa
el león

monyet
el mono

flamingo
el flamenco

burung beo
el loro

beruang polar
el oso polar

penguin
el pingüino

hiu
el tiburón

merak
el pavo real

ular
la serpiente

buaya
el cocodrilo

penjaga kebun binatang
el cuidador del zoológico

segel
la foca

jaguar
el jaguar

kuda poni

el poni

macan tutul

el leopardo

kuda nil

el hipopótamo

jerapah

la jirafa

burung elang

el águila

babi jantan

el jabalí

ikan

el pescado

kura-kura

la tortuga

anjing laut

la morsa

rubah

el zorro

kijang

la gacela

american football
el fútbol americano

naik sepeda
el ciclismo

tennis
el tenis

basketbal
el básquet

bernang
la natación

hoki es
el hockey sobre hielo

tinju
el boxeo

sepak bola

el fútbol

badminton

el bádminton

atletik

el atletismo

bola tangan

el handball

main ski

el esquí

polo

el polo

aktivitas
las actividades

meloncat
saltar
memeluk
abrazar
ketawa
reír
berjalan
caminar
menyanyi
cantar
mengimpi
soñar
berdoa
rezar
mencium
besar

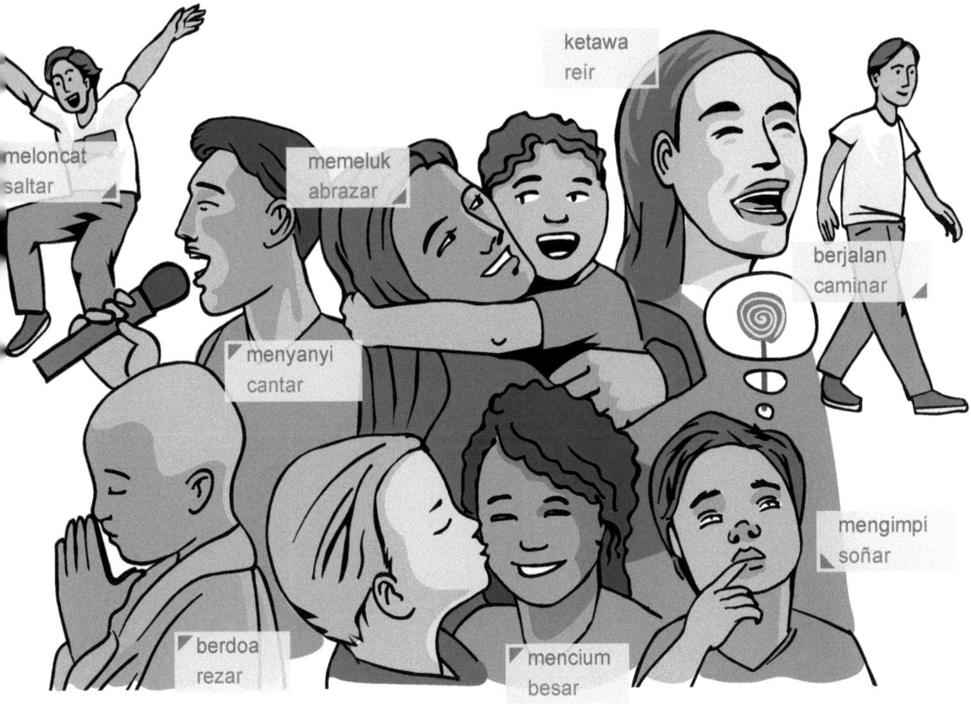

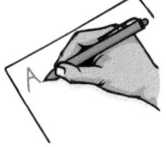

menulis

escribir

melukis

dibujar

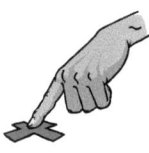

menunjuk

mostrar

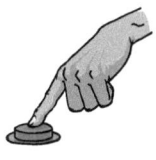

mendorong

presionar

memberikan

dar

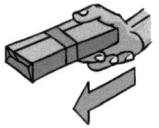

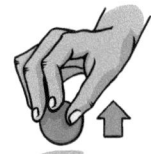

mengambil

tomar

mempunyai

tener

melakukan

hacer

adalah

ser

berdiri

estar parado

berlari

correr

menarik

tirar

melempar

tirar

jatuh

caer

tidur

estar acostado

menunggu

esperar

membawa

llevar

duduk

estar sentado

berpakaian

vestirse

tidur

dormir

bangun

despertar

melihat
mirar

menangis
llorar

mengelus
acariciar

menyisir
peinar

berbicara
hablar

mengerti
entender

menanyak
preguntar

mendengar
escuchar

minum
beber

makan
comer

merapikan
ordenar

cinta
amar

memasak
cocinar

menyetir
manejar

terbang
volar

berlayar

navegar

menghitung

calcular

membaca

leer

belajar

aprender

bekerja

trabajar

menikah

casarse

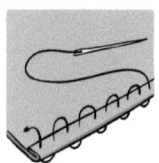

menjahit

coser

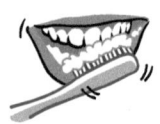

sikat gigi

cepillarse los dientes

membunuh

matar

merokok

fumar

kirim

enviar

keluarga
la familia

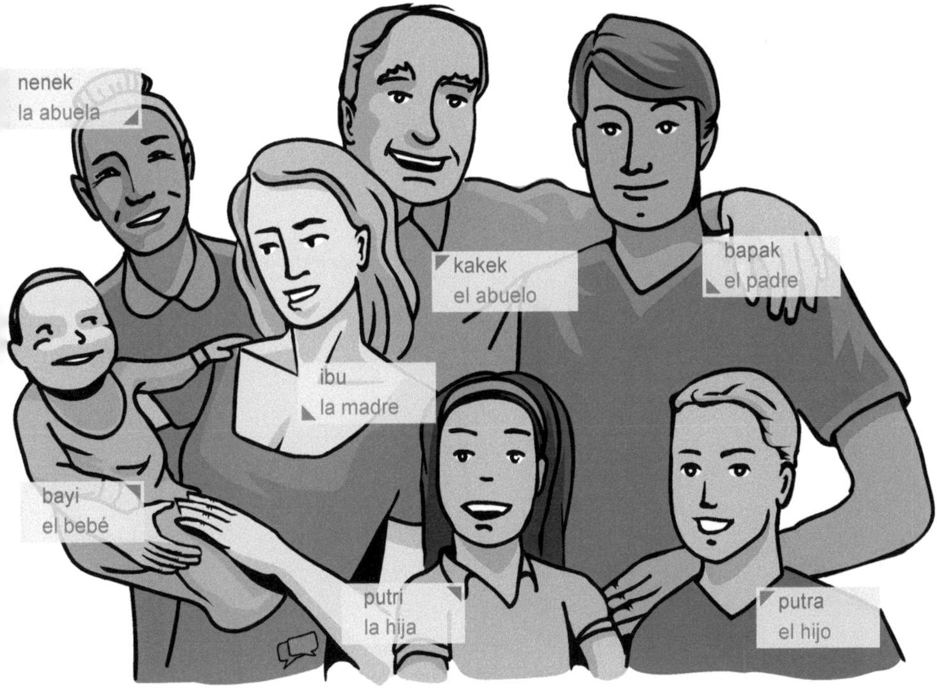
nenek
la abuela
kakek
el abuelo
bapak
el padre
ibu
la madre
bayi
el bebé
putri
la hija
putra
el hijo

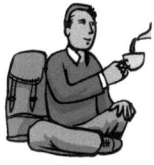

tamu

el invitado

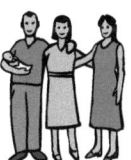

bibi

la tía

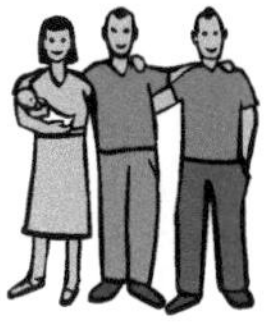

paman

el tío

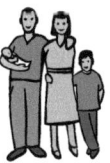

kakak laki

el hermano

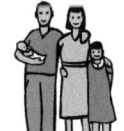

kakak perempuan

la hermana

badan

el cuerpo

dahi
la frente
mata
el ojo
bahu
el hombro
jari
el dedo
muka
la cara
dagu
la pera
tangan
la mano
kaki
la pierna
payudara
el pecho
lengan
el brazo

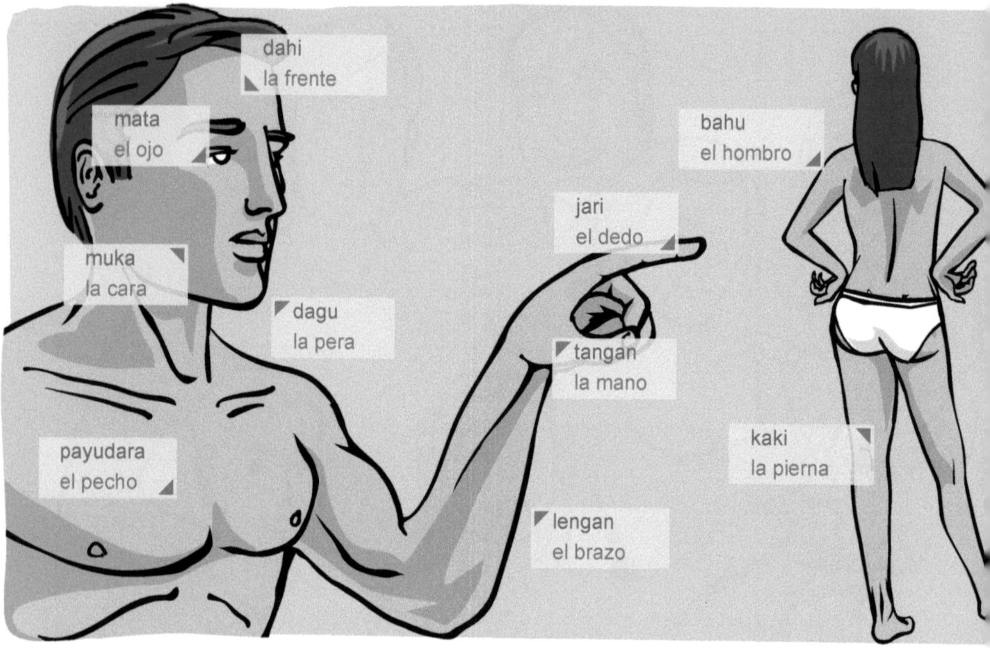

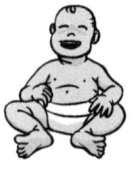

bayi
el bebé

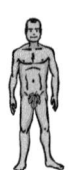

pria
el hombre

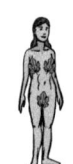

wanita
la mujer

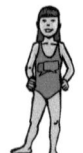

perempuan
la nena

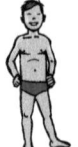

laki
el nene

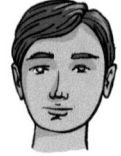

kepala
la cabeza

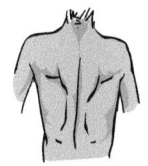

punggung

la espalda

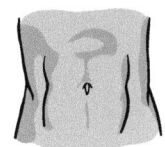

perut

la panza

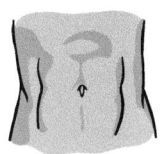

pusar

el ombligo

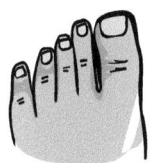

toe

el dedo del pie

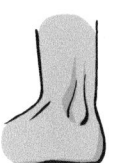

tumit

el talón

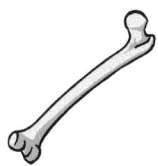

tulang

el hueso

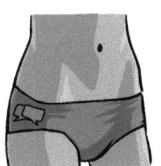

pinggang

la cadera

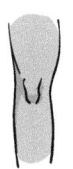

lutut

la rodilla

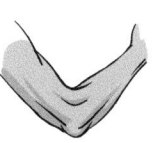

siku

el codo

hidung

la nariz

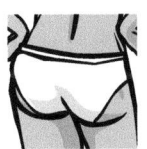

pantat

la cola

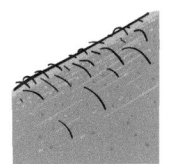

kulit

la piel

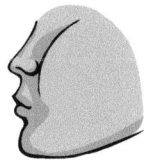

pipi

el cachctc

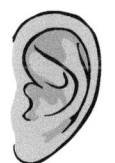

telinga

la oreja

bibir

el labio

badan - el cuerpo

mulut
la boca

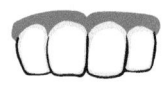

gigi
el diente

lidah
la lengua

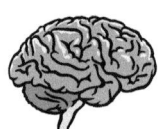

otak
el cerebro

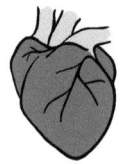

jantung
el corazón

otot
el músculo

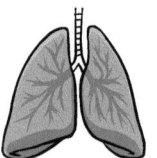

paru-paru
el pulmón

hati
el hígado

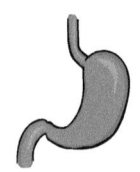

stomach
el estómago

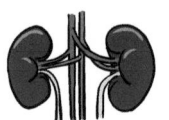

ginjal
los riñones

hubungan seks
el sexo

kondom
el preservativo

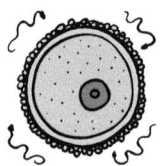

sel telur
el óvulo

sperma
el semen

kehamilan
el embarazo

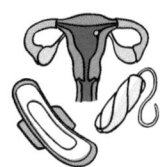

menstruasi
....
la menstruación

vagina
....
la vagina

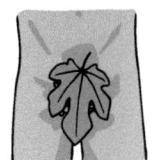

penis
....
el pene

alis
....
la ceja

rambut
....
el pelo

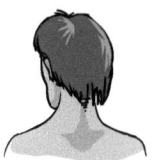

leher
....
el cuello

rumah sakit

el hospital

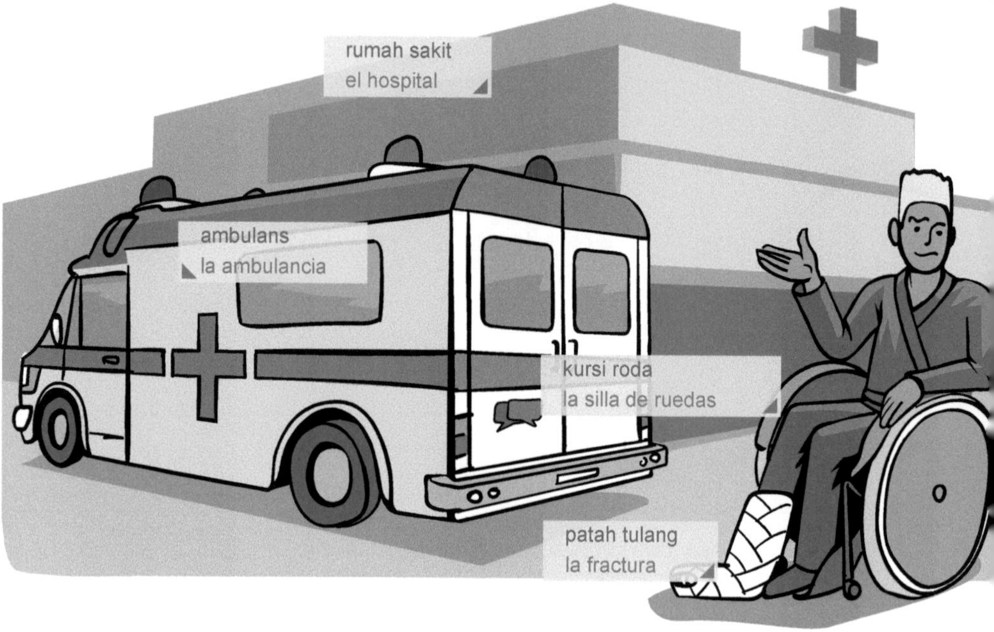

rumah sakit
el hospital
ambulans
la ambulancia
kursi roda
la silla de ruedas
patah tulang
la fractura

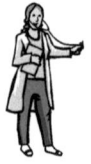

dokter

el médico

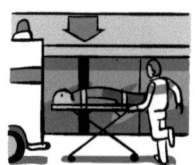

ruang darurat

la sala de guardia

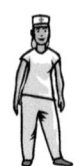

perawat

la enfermera

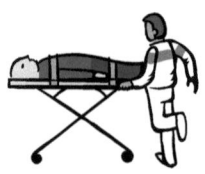

darurat

la emergencia

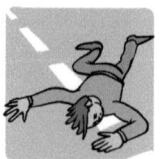

semaput

inconsciente

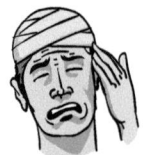

sakit

el dolor

cedera

la lesión

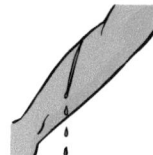

perdarahan

la hemorragia

serangan jantung

el infarto

stroke

el ACV

alergi

la alergia

batuk

la tos

demam

la fiebre

flu

la gripe

diare

la diarrea

sakit kepala

el dolor de cabeza

kanker

el cáncer

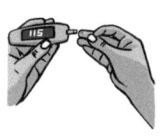

diabetes

la diabetes

ahli bedah

el cirujano

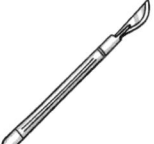

pisau bedah

el bisturí

operasi

la operación

CT
la TC

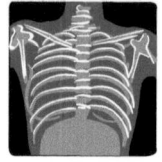

sinar x
los rayos x

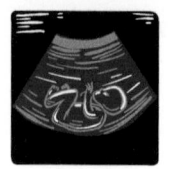

usg
la ecografía

topeng
el barbijo

penyakit
la enfermedad

ruang tunggu
la sala de espera

penyokong
la muleta

plester
la curita

perban
la venda

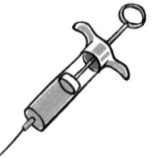

injeksi
la inyección

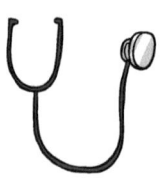

stetoskop
el estetoscopio

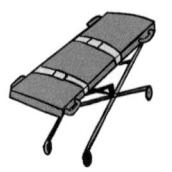

usungan
la camilla

termometer klinis
el termómetro

kelahiran
el nacimiento

kelebihan berat badan
el sobrepeso

alat pendengar
el audífono

desinfektan
el desinfectante

infeksi
la infección

virus
el virus

HIV / AIDS
el VIH / SIDA

obat
el remedio

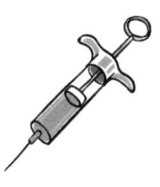

vaksinasi
la vacunación

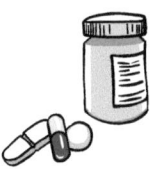

tablet
los comprimidos

pil
la pastilla anticonceptiva

panggilan darurat
llamada de emergencia

ukur tekanan darah
el tensiómetro

sakit / sehat
enfermo / sano

Tolong!

¡Ayuda!

alarm

la alarma

penyerbuan

la agresión

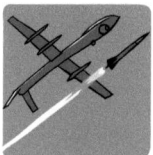

serangan

el ataque

bahaya

el peligro

pintu darurat

la salida de emergencia

Api!

¡Fuego!

alat pemadam kebakaran

el matafuego

kecelakaan

el accidente

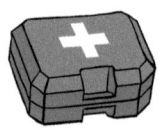

kit pertolongan pertama

el botiquín de primeros auxilios

SOS

el SOS

polisi

la policía

Eropa

Europa

Amerika Utara

América del Norte

Amerika Selatan

América del Sur

Afrika

África

Asia

Asia

Australi

Australia

Atlantik

el Atlántico

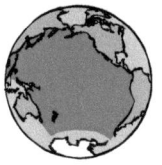

Pasifik

el Pacífico

Samudra India

el Océano Índico

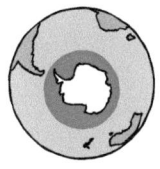

Samudra Antartika

el Océano Antártico

Samudra Arktik

el Océano Ártico

kutub utara

el polo norte

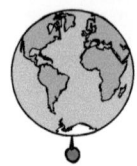

kutub selatan

el polo sur

Antarktika

la Antártida

bumi

la Tierra

tanah

la tierra

laut

el mar

pulau

la isla

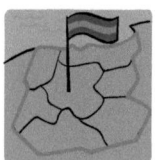

bangsa

la nación

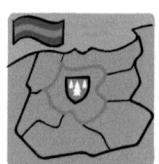

negara

el estado

jam wajah

la esfera

jarum pendek

la manecilla de las horas

jarum menit

el minutero

jarum detik

el segundero

Jam berapa?

¿Qué hora es?

hari

el día

waktu

la hora

sekarang

ahora

jam digital

el reloj digital

menit

el minuto

jam

la hora

minggu
la semana

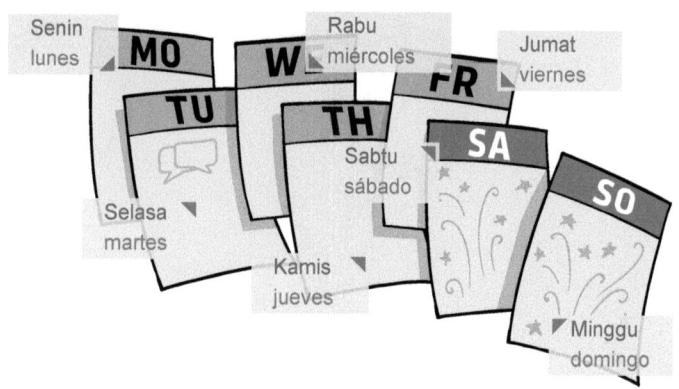

Senin
lunes

Rabu
miércoles

Jumat
viernes

Selasa
martes

Sabtu
sábado

Kamis
jueves

Minggu
domingo

kemaren
ayer

hari ini
hoy

besok
mañana

pagi
la mañana

siang
el mediodía

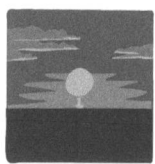

malam
la tarde

MO	TU	WE	TH	FR	SA	SU
1	2	3	4	5	6	7
8	9	10	11	12	13	14
15	16	17	18	19	20	21
22	23	24	25	26	27	28
29	30	31	1	2	3	4

hari kerja
los días hábiles

MO	TU	WE	TH	FR	SA	SU
1	2	3	4	5	6	7
8	9	10	11	12	13	14
15	16	17	18	19	20	21
22	23	24	25	26	27	28
29	30	31	1	2	3	4

akhir minggu
el fin de semana

tahun

el año

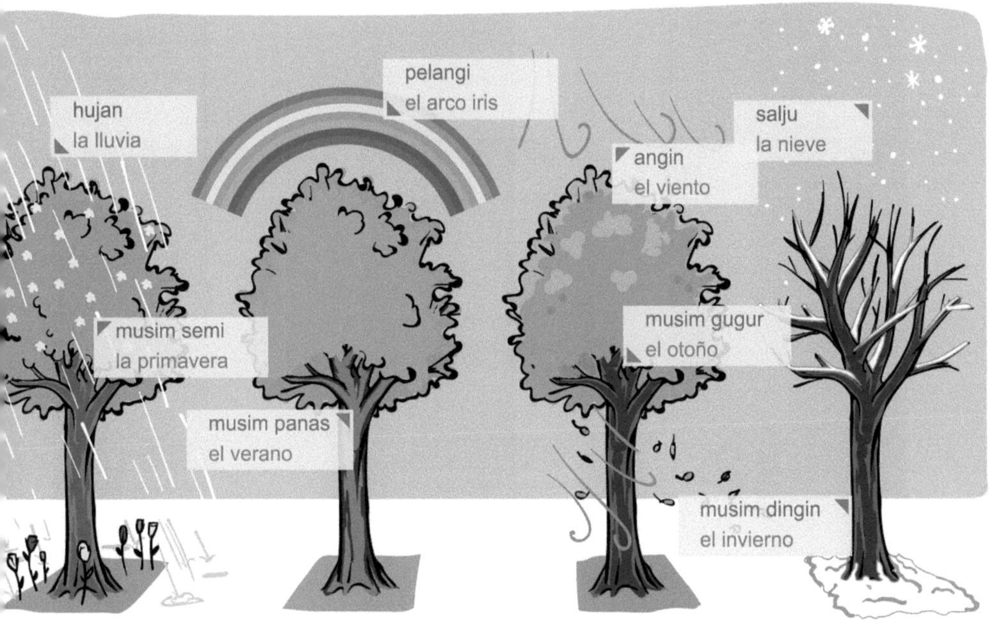

hujan
la lluvia
pelangi
el arco iris
salju
la nieve
angin
el viento
musim semi
la primavera
musim gugur
el otoño
musim panas
el verano
musim dingin
el invierno

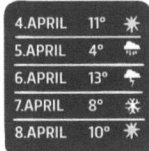

4.APRIL 11°
5.APRIL 4°
6.APRIL 13°
7.APRIL 8°
8.APRIL 10°

ramalan cuaca

ronóstico meteorológico

F C
120 40
90 30
60 20
30 10
0 0
-30 -10
-20

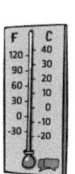

termometer

el termómetro

matahari

la luz del sol

awan

la nube

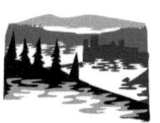

kabut

la niebla

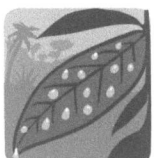

kelembahan

la humedad

kilat

el rayo

guntur

el trueno

badai

la tormenta

hujan es

el granizo

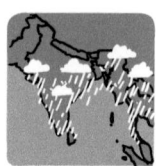

monsun

el monzón

banjir

la inundación

es

el hielo

Januari

enero

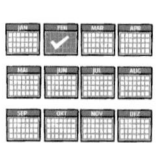

Februari

febrero

Maret

marzo

April

abril

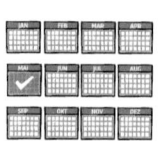

Mei

mayo

Juni

junio

Juli

julio

Agustus

agosto

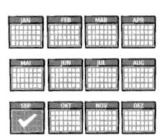

September
septiembre

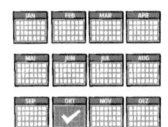

Oktober
octubre

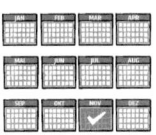

November
noviembre

Desember
diciembre

lingkaran
el círculo

persegi
el cuadrado

persegi panjang
el rectángulo

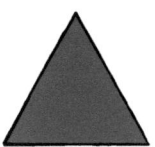

segi tiga
el triángulo

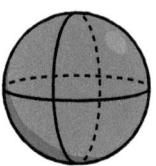

bola
la esfera

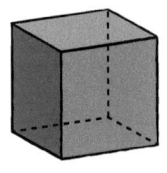

kubus
el cubo

putih

blanco

kuning

amarillo

oranye

naranja

pink

rosa

merah

rojo

ungu

violeta

biru

azul

hijau

verde

coklat

marrón

abu-abu

gris

hitam

negro

banyak / sedikit

mucho / poco

marah / tenang

enojado / tranquilo

cantik / jelek

lindo / feo

mulaih / selesai

el principio / el fin

besar / kecil

grande / chico

terang / gelap

claro / oscuro

udara laki-laki / saudara
perempuan

hermano / la hermana

bersih / kotor

limpio / sucio

lengkap / tidak lengkap

completo / incompleto

hari / malam

el día / la noche

mati / hidup

muerto / vivo

luas / sempit

ancho / angosto

dapat dimakan / tidak dapat dimakan

comestible / no comestible

jahat / baik

malo / amable

bersemangat / bosan

entusiasmado / aburrido

gemuk / kurus

gordo / flaco

pertama / terakhir

primero / último

teman / musuh

el amigo / el enemigo

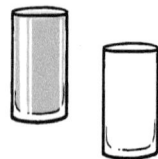

penuh / kosong

lleno / vacío

keras / lembut

duro / blando

berat / enteng

pesado / liviano

lapar / haus

el hambre / la sed

sakit / sehat

enfermo / sano

ilegal / legal

ilegal / legal

cerdas / bodoh

inteligente / estúpido

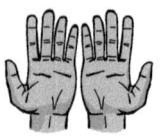

kiri / kanan

izquierda / derecha

dekat / jauh

cerca / lejos

baru / bekas

nuevo / usado

tidak ada apapun / sesuatu

nada / algo

tua / muda

viejo / joven

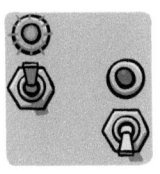

nyala / mati

encendido / apagado

buka / tutup

abierto / cerrado

tenang / keras

silencioso / ruidoso

kaya / miskin

rico / pobre

benar / salah

correcto / incorrecto

kasar / halus

áspero / suave

sedih / gembira

triste / contento

pendek / panjang

corto / largo

pelan-pelan / cepat

lento / rápido

basah / kering

mojado / seco

hangat / sejuk

caliente / frío

perang / damai

guerra / paz

0

nol

cero

1

satu

uno

2

dua

dos

3

tiga

tres

4

empat

cuatro

5

lima

cinco

6

enam

seis

7

tujuh

siete

8

delapan

ocho

9

sembilan

nueve

10

sepuluh

diez

11

sebelas

once

12

duabelas

doce

13

tigabelas

trece

14

empatbelas

catorce

15

limabelas

quince

16

enambelas

dieciséis

17

tujuhbelas

diecisiete

18

delapanbelas

dieciocho

19

sembilanbelas

diecinueve

20

duapuluh

veinte

100

seratus

cien

1.000

seribu

mil

1.000.000

juta

el millón

Inggris

el inglés

bahasa Inggris Amerika

el inglés americano

bahasa Cina Mandarin

el chino mandarín

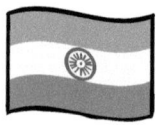

bahasa Hindi

el hindi

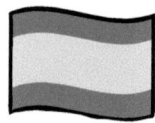

bahasa Spanyol

el español

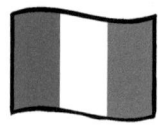

bahasa Perancis

el francés

bahasa Arab

el árabe

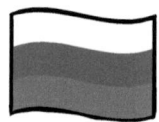

bahasa Rusia

el ruso

bahasa Portugis

el portugués

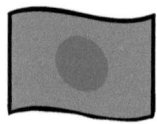

bahasa Bengal

el bengalí

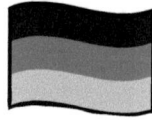

bahasa Jerman

el alemán

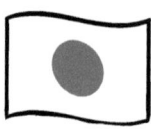

bahasa Jepang

el japonés

saya

yo

kamu

vos

dia

él / ella

kita

nosotros

kalian

ustedes

mereka

ellos

siapa?

¿quién?

apa?

¿qué?

begaimana?

¿cómo?

dimana?

¿dónde?

kapan?

¿cuándo?

nama

el nombre

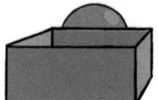

dibelakang

detrás

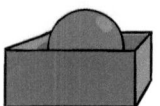

di

en

didepan

adelante de

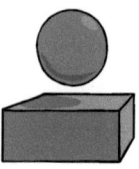

diatas

por encima de

diatas

sobre

dibawah

debajo de

sebelah

al lado de

di antara

entre

tempat

el lugar